BEI GRIN MACHT SICH IHR WISSEN BEZAHLT

AF141621

- Wir veröffentlichen Ihre Hausarbeit, Bachelor- und Masterarbeit

- Ihr eigenes eBook und Buch - weltweit in allen wichtigen Shops

- Verdienen Sie an jedem Verkauf

Jetzt bei www.GRIN.com hochladen und kostenlos publizieren

Isabel Chowanietz

Rekonstruktive Sozialpädagogik - Biografische Fall- und Milieurekonstruktion

GRIN Verlag

Bibliografische Information der Deutschen Nationalbibliothek:

Die Deutsche Bibliothek verzeichnet diese Publikation in der Deutschen National-
bibliografie; detaillierte bibliografische Daten sind im Internet über http://dnb.d-
nb.de/ abrufbar.

Impressum:

Copyright © 2004 GRIN Verlag GmbH
Druck und Bindung: Books on Demand GmbH, Norderstedt Germany
ISBN: 978-3-656-62165-2

Dieses Buch bei GRIN:

http://www.grin.com/de/e-book/45280/rekonstruktive-sozialpaedagogik-biografi-
sche-fall-und-milieurekonstruktion

GRIN - Your knowledge has value

Der GRIN Verlag publiziert seit 1998 wissenschaftliche Arbeiten von Studenten, Hochschullehrern und anderen Akademikern als eBook und gedrucktes Buch. Die Verlagswebsite www.grin.com ist die ideale Plattform zur Veröffentlichung von Hausarbeiten, Abschlussarbeiten, wissenschaftlichen Aufsätzen, Dissertationen und Fachbüchern.

Besuchen Sie uns im Internet:

http://www.grin.com/

http://www.facebook.com/grincom

http://www.twitter.com/grin_com

Ausarbeitung zum Referat

„Biografische Fall- und Milieurekonstruktion"

am 21.12.2004

Universität Lüneburg im Wintersemester 2004/2005

im Seminar „Diagnose und Fallverstehen in der Sozialpädagogik"

Lüneburg, Dezember 2004

INHALT	SEITE

1. Einleitung – Was ist ein Fall und wie entsteht er?

In dem Seminar „Diagnose und Fallverstehen in der Sozialpädagogik" beleuchteten wir verschiedene Aspekte der sozialpädagogischen Fallarbeit, um einen detaillierten Überblick über die verschiedenen Facetten dieser Tätigkeit zu bekommen.

Zunächst mussten wir in diesem Zusammenhang klären, was überhaupt ein „Fall" ist und wie er entsteht. Wir hielten fest, dass ein Fall ein Konstrukt eines Beobachters ist, der mit der Darstellung des Falles ein bestimmtes Interesse verfolgt. Wann man überhaupt von einem Fall sprechen kann, bringen Ulrike Loch und Heidrun Schulz auf den Punkt. Sie sagen, dass in dem Moment, in dem ein potentieller Klient Kontakt mit z.B. einer Beratungsstelle aufnimmt, eine Begegnung im institutionellen Rahmen stattfindet und sich der Professionelle entsprechend seiner institutionellen und fachspezifischen Differenzierung dem Klienten zuwendet, man von einem „Fall" sprechen kann. Erst durch dieses In-Beziehung-Setzen entstehe ein Fall.[1]

Wir hielten weiter fest, dass die Grundlage eines Falles ein bestimmtes Geschehen, ein Ereignis, eine Szene oder auch ein Gespräch ist. Der Beobachter nimmt dieses Geschehen wahr und formuliert oder dokumentiert es. Dies kann er mittels eines Berichts, eines Tonbandes oder Videos tun. Auch bereits vorhandene Akten o.ä. werden zur Hilfe genommen. Der daraus entstandene Fallbericht wird mit einer bestimmten Absicht präsentiert. Im Anschluss folgt die Fallanalyse, in der Hypothesen für Erklärungsansätze gebildet werden. Danach kommt es zur Fallstudie, in der eine genaue Analyse vorgenommen, eine Intervention geplant und abschließend bzw. laufend Evaluation betrieben wird.

Auf ein konkretes Beispiel bezogen, könnte man sich – stark verkürzt und vereinfacht – die Arbeit einer Jugendamtmitarbeiterin vorstellen, die die

---

[1] vgl. Loch, U. / Schulze, H. (2002): „Biographische Fallrekonstruktion im handlungstheoretischen Kontext Sozialer Arbeit" in: Thole, W.: „Grundriss Soziale Arbeit", Opladen, S. 560

Situation eines Kindes überprüfen soll, das die Aufmerksamkeit der Nachbarschaft auf sich zog, weil es regelmäßig noch zu später Abendstunde in verdreckter Kleidung in der Einkaufsstraße angetroffen wird. Die Jugendamtmitarbeiterin geht daraufhin selbst abends in die besagte Einkaufsstraße und beobachtet das Kind, wie es dort herumstreunt. Sie spricht das Kind an, befragt es und macht sich aufgrund dieses Gesprächs und ihren Beobachtungen ein erstes Bild der Lage des Kindes. Im Anschluss besucht sie das Elternhaus des Kindes, spricht mit den Eltern, nimmt die Wohnsituation wahr, filmt (mit Einverständnis der Eltern) vielleicht sogar die dortigen Gegebenheiten und überprüft im Jugendamt, ob die Familie bereits „aktenkundig" geworden ist. Eventuelles Material aus vergangenen Berichten fügt sie dementsprechend hinzu. Im Anschluss präsentiert sie ihren Bericht in der Absicht, eventuelle Missstände aufzudecken und Hilfen für die Familie / das Kind zu legitimieren. Es wird analysiert, warum es zu der Familiensituation kam und was getan werden kann, um die Umstände zu verbessern. Abschließend werden mögliche Hilfen besprochen und – gemeinsam mit der Familie – diskutiert. Wird das Hilfeangebot angenommen, wird ein Plan erstellt, der die Ziele dieser Maßnahmen klar formuliert. Im Laufe des Hilfeprozesses können diese Ziele jedoch immer wieder abgeändert werden. Die stetige Überprüfung der Durchführung, des Nutzens und der Fortschritte dieser Maßnahmen ist dabei von großer Wichtigkeit, ebenso wie eine abschließende Evaluation nach Beendigung der Hilfen.

In diesem Ablauf, so wurde gleich zu Beginn des Seminars betont, ist vor allem die Professionalität von Seiten des Sozialpädagogen sehr wichtig. Diese setzt sich zusammen aus Theorie (begründetem Wissen), diagnostischer Kompetenz, methodischer Kompetenz, Gesellschaftsanalyse, pädagogischem Takt, ethischem Bezug, (Selbst-) Reflexion, Lernbereitschaft und vor allem (Fremd-) Verstehen.

Begründet auf dieser Basis wurden im Nachhinein konstruierte Fälle besprochen und bearbeitet, um Themen wie z.B. „Soziale Diagnose und

Einzelfallhilfe", „Psychosoziale Diagnostik" oder „Multiperspektivische Fallarbeit" genauer beleuchten und diskutieren zu können.

In diesen Kanon reiht sich auch das Thema „Biografische Fall- und Milieurekonstruktion" ein, auf das ich im Folgenden näher eingehen werde. Zunächst jedoch werde ich mich dem Oberbegriff, nämlich der Rekonstruktiven Sozialpädagogik widmen, bevor ich auf die biografische Fall- und Milieurekonstruktion im Speziellen Teil übergehe.

2. Rekonstruktive Sozialpädagogik

Sozialarbeiter und Sozialpädagogen müssten heute stärker als früher ihr Handeln gegenüber der Gesellschaft, den Klienten und nicht zuletzt auch sich selbst begründen, meinen Hans-Jürgen von Wensierski und Gisela Jakob.[2] Der Wandel, der sich in Bezug auf diese Forderung über die Jahre in der Sozialpädagogik vollzogen hat, sei nicht zu übersehen. Die Frage nach Methoden, die in der Lage seien, sozialpädagogisches Handeln als Prozess zu verstehen, die der Komplexität des beruflichen Alltags der Sozialen Arbeit gerecht werden und die vor allem die subjektive Perspektive und lebenspraktische Autonomie der Klienten als notwendige Voraussetzung für jede sozialarbeiterische Intervention ansehen, sei lauter denn je.[3] In diesem Zusammenhang taucht nun der Begriff der Rekonstruktiven Sozialpädagogik auf. Die Rekonstruktive Sozialpädagogik ziele auf den Zusammenhang all jener methodischen Bemühungen im Bereich der Sozialen Arbeit, denen es um das Verstehen und die Interpretation der Wirklichkeit als einer von handelnden Subjekten sinnhaft konstruierten und intersubjektiv vermittelten Wirklichkeit gehe.[4] Der Begriff der Rekonstruktion (aus dem lateinischen für

---

[2] vgl. von Wensierski, H.-J. / Jakob, G. (1997): „Rekonstruktive Sozialpädagogik", Weinheim, S. 7
[3] vgl. ebd. S. 7
[4] vgl. ebd. S. 9

„Wiederherstellung"[5]) verweise dabei auf die immer schon vorgängig stattgefunden Konstruktionen, die Vorstrukturiertheit sozialer Wirklichkeit, die es verstehend und interpretierend zu analysieren gelte. „Wiederhergestellt" oder auch „ins Gedächtnis gerufen" werden also die strukturellen Voraussetzungen, die Verfahren, die Regeln und die Konstitutionsbedingungen, mit denen die Menschen als Akteure in sozialen Situationen und Interaktionen Wirklichkeit herstellen und behaupten.[6] Dabei soll sich im Speziellen auf die Analysen der sozialen Räume, der sozialen Handlungen und der sozialen Prozesse konzentriert werden. Im Zentrum der rekonstruktiven Perspektive stehe das Verständnis der sozialen Wirklichkeit als Prozess von subjektiven und sozialen Sinnkonstruktionen in der alltäglichen Lebenswelt.[7]

Eine Verbindung zur lebensweltorientierten sozialen Arbeit, wie sie von Hans Thiersch geprägt wurde, ist hier klar zu sehen, wobei die Komplexität und der hohe Anforderungsgrad an die Professionellen erst auf den zweiten Blick deutlich wird: Einerseits soll die Autonomie der Lebenspraxis der Klienten beachtet, auf der anderen Seite aber das eigene Handeln im Kontext eines methodisch geleiteten Gestaltungs- und Begründungszusammenhangs selbstkritisch reflektiert werden. Methodisches Handeln werde zum sozialen Ort des Verstehens und der Auseinandersetzung mit der Lebenswelt des Klienten zum einen, und zum sozialen Ort der Selbstreflexion und der Selbstkontrolle des professionellen Sozialarbeiters zum anderen.[8]

---

[5] vgl. von Hollander, E. (1989): „Das tägliche Fremdwort", Xenos
[6] vgl. von Wensierski, H.-J. / Jakob, G. (1997): „Rekonstruktive Sozialpädagogik", Weinheim, S. 9
[7] vgl. ebd. S. 10
[8] vgl. ebd. S. 11

4

2.1 Ziele und Anforderungen der Rekonstruktiven Sozialpädagogik

Das Verständnis sozialer Arbeit und damit auch der Auftrag dieser wurden, wie bereits angedeutet, erweitert. Zu der Kontrolle und der Hilfe, die der Professionelle gegenüber dem Klienten anbietet bzw. durchführt, kommen nun noch die Selbstkontrolle und die Selbsthilfe. Mit der Selbsthilfe sei hierbei die (Re-)Aktivierung der Ressourcen des Klienten gemeint.[9] Im Grunde genommen zeigt sich hier eine stark an der individuellen Lebenswelt orientierte Sozialpädagogik, die dem Klienten eine deutliche Position im Hilfeprozess einräumt, nämlich die des „Gestaltenden", der aktiv an der Veränderung seines Lebens oder dessen Umständen beteiligt ist. Allerdings wird nicht nur er, der Klient, kontrolliert sondern auch der Sozialarbeiter, der den Hilfeprozess in Gang bringt und am Laufen hält – durch sich selbst. Dadurch wird die Arbeit im Hilfeprozess jedoch nicht nur durchsichtiger, individueller und professioneller, sondern auch komplexer, komplizierter und arbeitsaufwändiger. In einer solchen Situation, in der der Professionelle stets zur Selbstkontrolle angemahnt wird, ließe sich die Legitimität des Handelns nicht mehr ohne weiteres durch den Bezug auf absolute Autoritäten (z.B. Staat, Gesetz, Verordnung usw.) ableiten, sondern müsse stets aufs neue und jeweils situativ auf den spezifischen Fall bezogen, begründet und eingeworben werden.[10] Dem Sozialpädagogen würden hierbei hochreflexive Prozesse der Selbstdistanzierung und Selbstvergewisserung abverlangt, die jedoch in das vom alltäglichen Handlungsdruck bestimmte Arbeitsfeld integriert werden sollen.[11]

Dennoch sei eine derartige Arbeitsweise gerade in der heutigen Zeit nötig, da die Gesellschaft immer komplexer geworden sei und die Sozialpädago-gik ihre Legitimation in eben diesem Gesellschaftssystem behaupten müsse. Allerdings werde darüber hinaus auch eine wichtige Anforderung an die Rekonstruktive

---

[9] vgl. ebd. S. 11
[10] vgl. ebd. S. 12
[11] vgl. ebd. S. 13

Sozialpädagogik gestellt: Sie muss zwischen einer planungs- und anwendungsorientierten Praxis- oder Handlungsforschung und einer eher analytischen Sozialforschung unterscheiden und daher verschiedene Ebenen voneinander abgrenzen. Insgesamt gelte es, drei Ebenen zu berücksichtigen: die Ebene einer wissenschaftlichen Forschung, die Ebene einer kooperativen und handlungsbezogenen Reflexion sozialpädagogischer Praxis durch Wissenschaft und Sozialpädagogen und die Ebene einer professionellen Reflexion der Praxis durch die praktischen Sozialpädagogen im beruflichen Alltag.[12] Erst dann könne sie als ganzheitliches Konstrukt angesehen werden und wäre damit in der Lage, eigene wissenschaftliche Standards zu entwickeln, die in Kooperation mit den Praxisträgern in konkrete Projekte umgesetzt werden können. Michael Galuske merkt in diesem Zusammenhang jedoch an, dass vom konkreten Versuch einer Anwendung bzw. Übertragung für den Bereich der Praxis Sozialer Arbeit bislang vorrangig für die ethnographische (Biografie-) Forschung gesprochen werden könne.[13]

3. Die biografische Fall- und Milieurekonstruktion im Sinne einer Rekonstruktiven Sozialpädagogik

Wie schon in Kapitel 2 erwähnt, liegt der Arbeitsschwerpunkt in der Rekonstruktiven Sozialpädagogik, wie der Name schon sagt, im rekonstruieren also im wiederherstellen von Gegebenheiten, Ereignissen oder Lebensumständen. Was bedeutet dies jedoch konkret für Sozialarbeiter und Klient? Welchen Nutzen haben beide Parteien von diesem Verfahren?

Ulrike Loch und Heidrun Schulze betonen, dass rekonstruktive Auswertungsverfahren im Forschungsalltag zu analytisch-fundiertem

---

[12] vgl. ebd. S.17
[13] vgl. Galuske, M. (1998): „Rekonstruktive Sozialpädagogik" in: „Methoden der Sozialen Arbeit", Juventa, S. 199

Fallverstehen und empirisch geerdeten Theoriebildungen führten.[14] Diesen allgemeinen Nutzen beziehen sie auf die konkrete Arbeit mit Klienten, indem sie sich auf Fritz Schütze berufen. Dieser behauptet, dass der Gewinn wissenschaftlicher Analysekompetenzen für die Soziale Praxis darin bestehe, dass die Sozialarbeiter dadurch befähigt werden müssten, empirisch sicher und analytisch konzise festzustellen, was der Fall ist – dies auch, wenn die Fallpräsentation durch den oder die Klienten und / oder durch den oder die professionellen Akteur(e) mehr oder weniger verdeckt oder verschleiert werde.[15] Knapp gesagt besteht der Nutzen dieser Analyse also ganz schlicht im „klar sehen" der Situation und soll *lediglich* zum Verständnis beitragen. Gespräche und Interviews mit dem/den Klient/en, Berichte (z.B. vom Arzt) und Archivauskünfte bilden hierbei den Grundstein. Im Hintergrund stehe dabei stets die Fragen, wie das Problem, mit dem der Klient zu dem Professionellen gekommen ist, von der Gegenwarts- und Zukunftsperspektive beeinflusst, aus der Entstehungsgeschichte heraus <u>verstanden</u> werden könne. Wie kann sich der Professionelle im Rahmen der spezifischen Institution handlungs-orientiert auf diesen Verstehensprozess beziehen?[16] Die Verfahren, die hierbei zur Gewinnung von Informationen und Struktur verwendet werden, sind, nach Loch und Schulze, narrativ-biografische und interaktionsanaly-tische, diskursanalytische und/oder ethnografische Verfahren.[17] Auf das zuerst genannte Verfahren werde ich nunmehr genauer eingehen.

---

[14] vgl. Loch, U. / Schulze, H. (2002): „Biografische Fallrekonstruktion im handlungstheoretischen Kontext der Sozialen Arbeit" in: Thole, W.. „Grundriss Soziale Arbeit", Opladen, S. 559
[15] vgl. ebd. S. 559
[16] vgl. ebd. S. 560
[17] vgl. ebd. S. 559-560

3.1 Narrativ-biografische Verfahren

Grundsätzlich sei es unumgänglich, sich der Biografie des jeweiligen Klienten anzunehmen, sie darzulegen und mit ihr zu arbeiten. Biografische Arbeit sei, nach Wolfram Fischer-Rosenthal, in diesem Sinne das Erleben und die Interpretation des gelebten Lebens.[18] Das Schildern der aktuellen Lebenssituation durch den Klienten sei dementsprechend Ausdruck biografischer Arbeit. Demgegenüber stehe die biografische Strukturierung. Hiermit werde das Einwirken von gesellschaftlichen Instanzen auf das Subjekt und seine Biografie beschrieben.[19] Ein biografisch-narratives Interview ist folglich nichts weiter als eine Schilderung des Lebenslaufes durch den Klienten („Biographie" aus dem Griechischen für „Lebenslauf" und „narrativ" aus dem Lateinischen für „erzählend"[20]). Dabei sei wichtig zu wissen, dass der gewählte Gesprächsbeginn bzw. die gewählten Eingangsthemen auf die in der Gegenwart dominanten Lebensthemen verweisen.[21] Biografien seien in diesem Zusammenhang Versprachlichungen von Lebensgeschichten. Sie müssten vom Erleben unterschieden werden, existierten jedoch nicht unabhängig von der erlebten Lebensgeschichte. Daher müsste eine detaillierte biografische Datenanalyse stattfinden, um das gesammelte Material / die gesammelten Informationen in Handlungen des Biografen einerseits und deren Präsentation bzw. Deutungen in der Gegenwart andererseits zu unterscheiden.[22] Bei der Auflistung der Daten in chronologischer Reihenfolge würden in der anschließenden Betrachtung oftmals schon Gegebenheiten auffällig, die Hypothesen in Bezug auf das aktuelle Problem zuließen. Zusätzlich müssten Faktoren wie Erzählzeit, Kontrastierung und Gewichtung der einzelnen Daten

---

[18] vgl. Fischer-Rosenthal, W. in Loch, U. / Schulze, H. (2002): „Biografische Fallrekonstruktion im handlungstheoretischen Kontext der Sozialen Arbeit" in: Thole, W.: „Grundriss Soziale Arbeit", Opladen, S. 562
[19] vgl. Loch, U. / Schulze, H. (2002): „Biografische Fallrekonstruktion im handlungstheoretischen Kontext der Sozialen Arbeit" in: Thole, W.: „Grundriss Soziale Arbeit", Opladen, S. 562
[20] vgl. von Hollander, E.: „Das tägliche Fremdwort", Xenos
[21] vgl. Loch, U. / Schulze, H. (2002): „Biografische Fallrekonstruktion im handlungstheoretischen Kontext der Sozialen Arbeit" in: Thole, W.: „Grundriss Soziale Arbeit", Opladen, S. 563
[22] vgl. ebd. S. 564

berücksichtigt werden, um ein vollständiges Bild des Lebenslaufes und der Wichtigkeit einzelner Erlebnisse / Vorkommnisse für den Klienten zu erhalten.[23]

3.1.1 Das narrative Interview und die Ergebnisanalyse

Um den Klienten im Gespräch förderlich zu unterstützen, ist eine biografisch-narrative Gesprächsführung nötig. Loch und Schulze heben hervor, dass sich dazu besonders gut das narrative Interview eigne, welches sich in drei Phasen gliedere. Die **erste Phase** sei die von den Interviewten strukturierte Haupterzählung, der eine offene Erzählaufforderung durch den Interviewer vorangegangen sei. Die **zweite Phase** sei die Phase der erzählinternen Nachfragen, welche sich an der Sequenzialiät der Erzählenden orientiere. Die **dritte Phase** bestehe aus den erzählexternen Nachfragen, die sich auf die Forschungsfragen beziehen.[24] Aktives Zuhören sei in diesem Prozess von großer Wichtigkeit, ebenso wie die Vorgabe, dem Interviewten das Setzen der Grenzen zu überlassen. Galuske verweist in diesem Zusammenhang auf Reinhard Völzke, der fünf Gesprächsregeln, die eine Generierung von lebens-geschichtlichen Erzählungen ermöglichen sollen, entwickelt hat:

Gesprächsregel 1: In einer erzählrelevanten Alltagssituation oder zu Beginn einer Beratungssituation durch einen gezielten Gesprächsimpuls den Adressaten einladen, die *Erzählschwelle* zu überwinden. Beispiel: >Bist du hier in (Stadtteil) auch aufgewachsen?< >Was beschäftigt Dich gerade so gegenwärtig?<

Gesprächsregel 2: Entstehen kleinere oder größere Gesprächspausen, dann sollten diese möglichst *ausgehalten* und nicht vorschnell unterbrochen

---

[23] vgl. ebd. S. 567-568
[24] vgl. ebd. S. 568

werden. Beispiel: Blickkontakt halten, möglichst ruhig und konzentriert bleiben, keine anderweitige Tätigkeit beginnen.

Gesprächsregel 3: Nach Pausen oder anderen Unterbrechungen durch vorsichtiges Nachfragen an bereits erwähnte Inhalte anknüpfen. Beispiel: >Sie haben gerade Ihre Mutter erwähnt. Was haben Sie dann weiter mit ihr erlebt?< >Da waren also viele lustige Erfahrungen nach der Schulentlassung. Erzähl doch mal ein Beispiel dafür.<

Gesprächsregel 4: Das biografische Gespräch wird vor allem durch zugewandtes, aktives Zuhören aufrechterhalten und strukturiert. Beispiel: Durch „Hm"-Signale, situatives Kopfnicken, die zugewandte Körperhaltung und Blickkontakt *aktiv* zuhören.

Gesprächsregel 5: Von entscheidender Bedeutung für die Entwicklung eines konsistenten „roten Fadens" ist die Zurückhaltung mit eigenen Bewertungen und Deutungen des Erzählten. Beispiele: Nicht: >Das ist ja schlimm, wie Sie in diese Rolle gekommen sind!< sondern eher: >Und wie ging das dann weiter mit dem Konflikt?< Nicht: >Echt toll, wie Du das geschafft hast!< sondern eher: >Hast Du so etwas schon einmal erlebt? Dann erzähl doch mal.<[25]

Der Professionelle gebe also lediglich Anreize, um lebensgeschichtliche Erzählungen zu ermöglichen. In meinen Augen ist dies eine generelle Haltung, die sich jeder Sozialpädagoge/Sozialarbeiter immer wieder vor Augen führen sollte. Er soll nicht werten, nicht unnötig eingreifen, sich interessiert zuwenden und damit den Klienten, dessen Geschichte und Probleme im Mittelpunkt stehen lassen. Das Ziel des narrativen Interviews sei, laut Galuske, den Informanten durch gezielte Erzählanreize in einen Erzählfluss zu bringen, im Rahmen dessen er – gefiltert durch den Fokus seiner subjektiven Relevanzstruktur – bedeutsame Aspekte seiner Biografie rekonstruiere.[26]

---

[25] vgl. Völzke, R. zitiert in Galuske, M. (1998): „Rekonstruktive Sozialpädagogik" in: „Methoden der Sozialen Arbeit", Juventa, S. 203-204
[26] vgl. Galuske, M. (1998): „Rekonstruktive Sozialpädagogik" in: „Methoden der Sozialen Arbeit", Juventa, S. 200

Was aber bringt dieses aufwändige Procedere dem Klienten und dem Professionellen? Eingangs erwähnte ich, dass es sich lediglich um eine Möglichkeit besseren Verstehens handle. Loch und Schulze betonen jedoch, dass durch den theoretischen Zugriff auf ein lebensgeschichtliches Interview gezeigt werde, welches Potenzial für die Handlungspraxis in der Nahtstelle zwischen Forschung und Praxis liege. Das biografisch-narrative Interview offeriere prinzipielle Handlungsorientierungen zu Interaktionsgestaltung in der Praxis. Mit dem rekonstruktiven Vorgehen der soziologischen Biografieanalyse ließen sich systematisierende Bezugspunkte zur Rekonstruktion einer Fallgeschichte in der Praxis begründen. Damit werde der Logik und Struktur professionellen Handelns, der Wissensanwendung und dem hermeneutischen Fallverstehen Rechnung getragen. Fallrekonstruktives Vorgehen bedeute in der Sozialen Arbeit, dass Handlungsabläufe nicht standardisierbar seien. Dies wirke sich im Endeffekt auf den professionellen Habitus aus.[27] Galuske sieht das Ziel des narrativen Interviews in der Gewinnung eines Textkorpus', den es gezielt auszuwerten gelte. Ziel der Auswertung sei eine möglichst plausible Verdichtung und Deutung der lebensgeschichtlichen Erzählung.[28]

Diese anschließende Analyse, also die Auswertung der objektiven Daten wie Galuske sie fordert, erfolge, so Nölke, durch Verfahren der „objektiven Hermeneutik". Die objektive Hermeneutik (nach Oevermann) sei eine Methode zur Rekonstruktion objektiver Sinnstrukturen von Protokollen sozialer Handlungen, die durch das Verfahren der Sequenzanalyse in ihrem Sinnaufbau erfasst werden sollen. Die objektive Fallstruktur werde analytisch unterschieden von dem Selbstbild der Person oder des sozialen Gebildes, welches als Fall rekonstruiert werden solle. Ein nächster Schritt der Auswertung sei eine ausführliche strukturell-inhaltliche Beschreibung des Textes der biografischen Erzählung. Die zentralen Phasen würden in ihrer

---

[27] vgl. ebd. S. 570-571
[28] vgl. Galuske, M. (1998): „Rekonstruktive Sozialpädagogik" in: „Methoden der Sozialen Arbeit", Juventa, S. 200-201

Abfolgelogik rekonstruiert. Ziel sei die Herausarbeitung der manifesten Form der „einzelnen zeitlich begrenzten Strukturen des Lebensablaufs."[29] Der nächste Schritt bestehe in der analytischen Abstraktion, in der unter Bezugnahme auf die in der strukturell-inhaltlichen Beschreibung detailliert erarbeiteten Abschnitte und in größerer Distanz zum konkreten Text eine Systematisierung der für den Einzelfall dominanten biografischen Prozessstruktur erfolgt. Anschließend würden jeweils biografische Gesamtform und zentrale Strukturmuster des Handelns und Erlebens zusammengefasst. Weitere Fällen würden daraufhin dem typologischen Vergleich unterzogen.[30] Prägnanter bringen Loch und Schulze diesen Ablauf der Auswertung auf den Punkt. Der erste Schritt sei die Auswertung der biografischen Daten. Diese würden in eine chronologische Reihenfolge gebracht und Hypothesen über die biografische Bedeutung der einzelnen Daten erstellt. Im zweiten Auswertungsschritt erfolge die Text- und thematische Feldanalyse. Es gehe um die Rekonstruktion der Struktur des erzählten Lebens. Anschließend werde die Bedeutung, die Erlebnisse in der Vergangenheit für den Biografen hatten und ihre Genese in der Lebensgeschichte, rekonstruiert. An mehreren Stellen würden Feinanalysen vorgenommen. Diese Vorgehen orientierten sich an der strukturalen Hermeneutik. Abschließend werde die erzählte und erlebte Lebensgeschichte kontrastiert – es werde also Vergleich zwischen Erzähl- und Erlebensebene vorgenommen und damit aufgezeigt, in welchem Bedeutungsumfang die Präsentation zur Lebenserfahrung des Biografen stehe und umgekehrt.[31]

---

[29] vgl. Schütze, F. zitiert in Nölke, E. (2002): „Biografieanalyse als hermeneutisches Rekonstruktionsverfahren und ihre Bedeutung für die Kinder- und Jugendhilfe" in: Peters, F.: „Diagnosen – Gutachten – hermeneutisches Fallverstehen", IGfH-Eigenverlag, S. 176
[30] vgl. Nölke, E. (2002): „Biografieanalyse als hermeneutisches Rekonstruktionsverfahren und ihre Bedeutung für die Kinder- und Jugendhilfe" in: Peters, F.: „Diagnosen – Gutachten – hermeneutisches Fallverstehen", IGfH-Eigenverlag, S. 175-176
[31] vgl. Loch, U. / Schulze, H. (2002): „Biografische Fallrekonstruktion im handlungstheoretischen Kontext der Sozialen Arbeit" in: Thole, W.: „Grundriss Soziale Arbeit", Opladen, S. 565-566

4. Die Bedeutung der Rekonstruktiven Sozialpädagogik und der biografischen Fall- und Milieurekonstruktion für die Soziale Arbeit

Laut Galuske werde von Vertretern der Biografieforschung immer wieder eine Nähe zwischen Biografieforschung einerseits und Sozialer Arbeit andererseits hervorgehoben, die insbesondere an der sozialen Einzelfallhilfe verdeutlicht werde.[32] Einzelfallhilfe bezeichnet nach Stimmer die methodische Soziale Arbeit mit einzelnen Menschen oder Familien, die eine Unterstützung in irgendeiner Form persönlicher Hilfe benötigen. Dabei sei jedwede Hilfe gemeint – ob im Jugendhilfe-, Sozialhilfe- oder Gesundheitshilfe-Bereich. Typisch für die Einzelfallhilfe seien die Vielseitigkeit, die Ganzheitlichkeit und die Alltagsorientierung, in der sowohl die Einschätzung der Situation und Bedürftigkeit als auch die Durchführung der Unterstützung, die Problembewältigung, erfolgen.[33] Diese spezifische Fallorientierung sei auch bei der Biografieforschung sehr deutlich. Galuske verweist in diesem Zusammenhang auf Mary Richmond, die Pionierin der Einzelfallhilfe, die bereits ein Konzept entwickelte, die „Fallanalyse in der Sozialarbeit wissenschaftlich zu untermauern." So forderte sie eine ethnographische Grundhaltung der unvoreingenommenen Fallbetrachtung, der Beobachtung von Feldschauplätzen, der szenisch-kommunikativen Begegnung mit den Akteuren im Erkundungsfeld, des Zugehens auf die existenzweltlichen Phänomene und der Sammlung ihres Niederschlags im Primärmaterial, der Sensibilität für das Symbolische, der kontextuellen Interpretation sowie der Orientierung an den Mechanismen der Prozessentfaltung für die strukturelle Beschreibung von Fällen, ihrer Problemkontexte und ihrer Geschichte.[34] Auch Loch und Schütze weisen auf die ethnographische Erkenntnishaltung hin und betonen, dass die biografische Fallrekonstruktion in ihrer Gesamtheit darauf

---

[32] vgl. ebd. S. 201
[33] vgl. Stimmer, F. (2000): „Lexikon der Sozialpädagogik und der Sozialarbeit", Oldenbourg
[34] vgl. Richmond, M. zitiert in Galuske, M. (1998): „Rekonstruktive Sozialpädagogik" in: „Methoden der Sozialen Arbeit", Juventa, S. 201

abziele, den Fall in seiner Fremdheit bzw. in seiner Besonderheit zu betrachten. Die Habitualisierung der ethnografischen Neugier ermögliche, „das Fremde" in dessen Eigenlogik zu beachten und die Aufmerksamkeit darauf zu richten, im scheinbar Offensichtlichen und Vertrauten, die verborgenen Fallstrukturen aufzudecken.[35] Eberhard Nölke beruft sich in diesem Punkt auf Kohli, der vier wesentliche Funktionen der biografischen Thematisierung benennt und damit die Bedeutung dieser für die Rekonstruktive Sozialpädagogik hervorhebt. Die erste Funktion sie das Fremdverstehen als interessierter Zugang zu bislang fremden Lebenszusammenhängen im Kontext begrenzter Begegnungen. Die zweite Funktion liege in der Ermöglichung einer besseren Handlungsorientierung und –koordinierung aufgrund des Austauschs biografischer Erfahrungen, die zugleich einen Zugang zu Eigenschaften, Interessen und Bedürfnissen des anderen eröffnen. Die dritte Funktion sei die biografische Selbstthematisierung im Zuge der persönlichen Rehabilitation und nachträglichen Rechtfertigung diskreditierbarer und schuldbeladener Handlungen. Die vierte und letzte Funktion sei die Selbstvergewisserung, um „im Wechsel der biografischen Zustände und über die verschiedenen Positionen im sozialen Raum hinweg Kontinuität und Konsistenz zu sichern."[36] Jedoch macht Galuske darauf aufmerksam, dass Verzerrungsfaktoren diese auf Objektivität ausgelegte Sichtweise stets zu stören drohen. Er weist darauf hin, dass es oftmals zu einer Vielzahl von Problemwahrnehmungen kommen kann, die eine richtige Interpretation verschleiern. Zur Verdeutlichung nennt er ein Beispiel aus der Jugendberufshilfe. Als Problem dieser Jugendlichen werde teilweise „erkannt", dass sie über einen zu geringen Schulabschluss, fehlende Motivation, fehlende Tugenden wie Pünktlichkeit, Ordnung, Sauberkeit und Fleiß verfügen würden. Es reiche, so Galuske, ein kurzer Blick auf die Arbeitsmarktstatistik um nachzuweisen, dass diese Argumentation falsch sei.

---

[35] vgl. Loch, U. / Schulze, H. (2002): „Biografische Fallrekonstruktion im handlungstheoretischen Kontext der Sozialen Arbeit" in: Thole, W.: „Grundriss Soziale Arbeit", Opladen, S. 571
[36] vgl. Kohli, M. zitiert in Nölke, E. (2002): „Biografieanalyse als hermeneutisches Rekonstruktionsverfahren und ihre Bedeutung für die Kinder- und Jugendhilfe" in: Peters, F.: „Diagnosen – Gutachten – hermeneutisches Fallverstehen", IGfH-Eigenverlag, S. 169

Individuelle Merkmale seien Selektionskriterien für Arbeitsmarktchancen, nicht aber deren <u>Ursachen</u>. Individuelle Merkmale bestimmten zwar den Rangplatz des jeweiligen Jugendlichen – ob dieser Rangplatz aber ausreicht, um einen Arbeitsplatz zu bekommen, ist abhängig von der Zahl der Personen, die überhaupt eingelassen werden. Mache sich der Sozialarbeiter diesen Fehler in der Betrachtungsweise nicht bewusst, so ziele er systematisch an der Biografie des Betroffenen vorbei, da er nur das als Problem wahrnehme, was institutionell zum Problem erklärt wurde.[37] Um das Problem zu umgehen, müsse sich eine ethnografische Zugehensweise angeeignet werden, meint Galuske. Diese ethnografischen Verfahren der Sozialforschung erzwängen die Erfassung der Weltsicht und Lebensperspektive der Problembetroffenen.[38]

Wie lassen sich all diese Erkenntnisse nun in den Prozess der Fallarbeit einordnen? Welche Signifikanz wird der Fall- und Milieurekonstruktion beigemessen bzw. könnte ihr beigemessen werden? Galuske macht darauf aufmerksam, dass ethnografische Methoden bestenfalls Klärung in den Phasen der Anamnese und Diagnose schaffen könnten. Sie würden unter günstigen Rahmenbedingungen eine klientenorientierte Rekonstruktion der subjektiven Bedeutung von Problemlagen und biografischer Potentiale zu ihrer Bearbeitung ermöglichen. Dies dürfe jedoch nicht gering geschätzt werden; dennoch dürfe es auch nicht darüber hinwegtäuschen, dass Sozialpädagogen nicht nur Sinnrekonstruktionen erzeugen, sondern auch (bestenfalls: gemeinsam mit Klienten) handeln. Insofern könne die Biografieforschung die Entwicklung und Durchführung von Handlungsplänen zwar sensibel unterstützen und fundieren, die konkrete Handlungsplanung und – durchführung allerdings nicht ersetzen.[39] Loch und Schulze sprechen in

---

[37] vgl. Galuske, M. (1998): „Rekonstruktive Sozialpädagogik" in: „Methoden der Sozialen Arbeit", Juventa, S. 201-202

[38] vgl. Schütze, F. zitiert in Galuske, M. (1998): „Rekonstruktive Sozialpädagogik" in: „Methoden der Sozialen Arbeit", Juventa, S. 202

[39] vgl. Galuske, M. (1998): „Rekonstruktive Sozialpädagogik" in: „Methoden der Sozialen Arbeit", Juventa, S. 205

diesem Zusammenhang von einer „Neurahmung". Das Erzählte bzw. das Erlebte solle neu gerahmt werden, ohne die Historizität der Ereignisse zu nehmen.[40] Nölke erwähnt eine ermöglichende und eine verhindernde Funktion, die das Einbeziehen der Biografie mit sich bringe: Zum einen werde ein Blick auf weit gestreckte Prozesse der Erfahrungsaufschichtung, der Leidensprozesse und Handlungsmuster im Zusammenspiel mit möglichen Interventionen und zum anderen werde die vorschnelle Zuordnung und Abwicklung der Fälle im Zuge der Dominanz bürokratischer Abkürzungsverfahren verhindert.[41] Des Weiteren betont er, dass bewusst ausgeblendete oder nicht beachtete biografische Prozessierungen die Bedingungen der Möglichkeit gemeinsamen Handelns erheblich erschweren.

5. Fazit

Galuske weist darauf hin, dass die Relevanz der Biografiearbeit für die Anamnese und Diagnose innerhalb Sozialer Fallarbeit kaum strittig sein dürfe. Jedoch sei zu klären, inwieweit die sozialwissenschaftlichen Forschungsverfahren für die Praxis Sozialer Arbeit relevant sein könne. Er gibt zu bedenken, dass die Kapazität der Sozialpädagogen deutlich überschritten würde und dass dies auch von den einschlägigen Vertretern der Biografieforschung erkannt werde. Diese schlagen vor, der Biografieforschung im Rahmen des Studiums einen höheren Stellenwert einzuräumen, wobei fallanalytisch ausgerichtete Seminare oder fallorientierte Praktikumsberichte helfen sollen.[42] Diese bloße Schulung reiche jedoch nicht aus und so werde beispielsweise von Fritz Schütze ein „abgekürztes Verfahren" angedacht.

---

[40] vgl. Loch, U. / Schulze, H. (2002): „Biografische Fallrekonstruktion im handlungstheoretischen Kontext der Sozialen Arbeit" in: Thole, W.: „Grundriss Soziale Arbeit", Opladen, S. 573
[41] vgl. Nölke, E. (2002): „Biografieanalyse als hermeneutisches Rekonstruktionsverfahren und ihre Bedeutung für die Kinder- und Jugendhilfe" in: Peters, F.: „Diagnosen – Gutachten – hermeneutisches Fallverstehen", IGfH-Eigenverlag, S. 192-193
[42] vgl. Galuske, M. (1998): „Rekonstruktive Sozialpädagogik" in: „Methoden der Sozialen Arbeit", Juventa, S. 202

Dieses Verfahren bliebe jedoch weiter nebulös. Schütze fordere so genannte „Schlüsselsymbole", von denen sich die Professionellen in ihrer Analysearbeit leiten lassen könnten. Diese seien nur dann in ihrer besonderen Konturierung identifizierbar und in ihrer Bedeutsamkeit für die zugrunde liegenden Prozessmuster, in welche die Menschen involviert seien, empirisch fundiert interpretierbar, wenn sie als Vordergrund vom Hintergrund sozialer Prozess- und Milieukontexte abgehoben werden könnten.[43] Die genaue Ausgestaltung dieser Forderungen bleibe jedoch, so Galuske, offen. Auch Völzke setze für seine Gesprächsregeln (s. Kapitel 3.1.1) die intensive Auseinandersetzung mit den Verfahren der narrativen Biografieforschung im Studium voraus.[44]

In meinen Augen ist es gerade in der heutigen Zeit, die von Wertepluralität, verschiedensten ethnischen und kulturellen Herkünften und daher verschiedensten Lebensläufen geprägt ist, enorm wichtig, die individuelle Geschichte des Klienten in der Sozialen Arbeit zu berücksichtigen. Mir fällt dazu folgendes Beispiel ein, das ein Psychiatrie-Dozent in einem Seminar erzählte: Eines Tages wurde eine ältere Frau in die Notaufnahme der Psychiatrie gebracht, die wie von Sinnen schrie und weinte. Nachbarn hatten sie nach dem Tod ihres Mannes in dieser Verfassung in der Wohnung aufgefunden und sich nicht mehr zu helfen gewusst. Auch der erste Eindruck des Arztes in der Psychiatrie war der, dass die Frau hysterisch ist und vielleicht unter Schock steht. Nachdem jedoch Nachforschungen angestellt wurden, stellte sich heraus, dass die Frau aus Russland stammte und diese Art der Trauer mit lautem Klagen und Weinen für ihren Kulturkreis völlig normal ist. Hätte kein grober Blick auf die Biografie dieser Frau stattgefunden, wäre sie vielleicht noch heute Patientin auf einer der psychiatrischen Stationen.

---

[43] vgl. Schütze, F. zitiert in Galuske, M. (1998): „Rekonstruktive Sozialpädagogik" in: „Methoden der Sozialen Arbeit", Juventa, S. 202
[44] vgl. Völzke, R. in Galuske, M. (1998): „Rekonstruktive Sozialpädagogik" in: „Methoden der Sozialen Arbeit", Juventa, S. 203

Ich unterstütze in diesem Sinne die Forderung der Autoren nach einem umfassenderen Einblick in die Rekonstruktive Sozialpädagogik bzw. in die narrativen Verfahren im Rahmen des Studiums. Mithilfe dieser Verfahren könnte ein individueller Blick auf die einzelnen Klienten ermöglicht werden, der beiden Parteien von Vorteil sein kann: Dem Klienten, da er in den Mittelpunkt rückt, vielleicht auch selbst „Knackpunkte" in seinem Leben erkennt und ein individueller Lösungsansatz gefunden werden kann und dem Sozialarbeiter, indem er immer wieder von Neuem auf die Einzigartigkeit jedes Klienten gestoßen wird, sich seiner professionellen Rolle stets neu bewusst werden muss und somit dem Klienten auch eine gewisse Wertschätzung entgegenzubringen hat, die vielleicht schneller zum Ziel führt als eine Soziale Arbeit ohne Einbezug der Biografie. Gerade in der heutigen, schnelllebigen Zeit finde ich es wichtig, nicht nur als „Nummer", sondern auch als „Mensch" mit eigener Geschichte und eigener Persönlichkeit wahrgenommen zu werden. Diese Art der Sozialen Arbeit kann, meiner Meinung nach, dabei helfen. *Kein Mensch passt in ein Schema* – dieser Leitspruch sollte gerade für eine moderne Sozialpädagogik von heute gelten.

6. Literaturliste

- **Nölke, E.** (2002): „Biographieanalysen als hermeneutisches Rekonstruktionsverfahren und ihre Bedeutung für die Kinder- und Jugendhilfe" in: **Peters, F.**: „Diagnosen – Gutachten – hermeneutisches Fallverstehen", IGfH-Eigenverlag
- **Galuske, M.** (1998): „Rekonstruktive Sozialpädagogik" in: „Methoden der Sozialen Arbeit", Juventa
- **Jakob, G. / von Wensierski, H.J. (Hg.)** (1997): „Rekonstruktive Sozialpädagogik", Weinheim
- **Schütze, F.** (1993): „Die Fallanalyse. Zur wissenschaftlichen Fundierung einer klassischen Methode der Sozialen Arbeit" in: **Rauschbach, Th. u.a. (Hg.):** „Der sozialpädagogische Blick", Juventa
- **Loch, U. / Schulze, H.** (2002): „Biographische Fallrekonstruktion im handlungstheoretischen Kontext der Sozialen Arbeit" in: **Thole, W. (Hg.):** „Grundriss Soziale Arbeit", Opladen
- **von Hollander, E.** (1989): „Das tägliche Fremdwort", Xenos
- **Stimmer, F.** (2000): „Lexikon der Sozialpädagogik und der Sozialarbeit", Oldenbourg